머리 좋아지는 놀이 100

집중력 점 잇기

G 기탄출판

맛있는 피자를 여섯 명이 똑같이 나눠 먹어요. 모양이 같은
점끼리 이어서 피자를 여섯 조각으로 나눠 보세요.

2

무서운 고양이가 쫓아와요. 화살표를 따라 점을 이어서
생쥐가 도망칠 수 있도록 문과 손잡이를 만들어 주세요.

난이도

3

아기 사자가 벼랑 위에 있는 아빠 사자에게 가려고 해요.
1부터 13까지 순서대로 점을 이어서 계단을 만들어 주세요.

12● ●13

10● ●11

8● ●9

6● ●7

4● ●5

2● ●3

●1

내가 좋아하는 소프트아이스크림이에요. 화살표 방향으로
점을 이어서 맛있는 아이스크림을 완성해 보세요.

거인이 잠에서 깨기 전에 밧줄로 꽁꽁 묶어야 해요.
1부터 13까지 순서대로 못을 이어서 거인을 묶어 보세요.

뾰로롱 짹짹! 예쁜 새가 노래를 불러요. 화살표 방향으로
점을 이어서 날고 있는 새를 완성해 보세요.

7

무더운 여름날에는 시원한 바람이 필요해요. 1부터 12까지
순서대로 점을 이어서 선풍기의 날개를 만들어 주세요.

둥둥둥! 음악에 맞춰 신 나게 북을 쳐요. 1부터 14까지 순서대로 점을 이어서 목에 걸린 북을 완성해 보세요.

난이도

수박 빨리 먹기 대회가 열렸어요. 1부터 각각 순서대로
점을 이어서 누가 수박을 더 많이 먹었는지 알아보세요.

고추밭에 탐스러운 고추가 많이 열렸어요. 초록색 점끼리,
빨간색 점끼리 각각 이어서 고추를 완성해 보세요.

11 아침일까요, 밤일까요? 1부터 20까지 순서대로 점을
이어서 창밖에 보이는 것이 해님인지 달님인지 알아보세요.

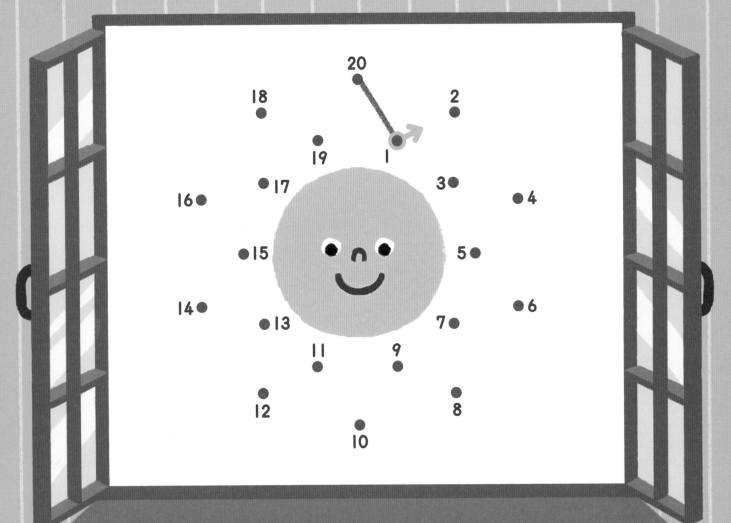

아기 두더지가 땅 위로 올라오려고 하는데 길이 없어요.
1부터 16까지 순서대로 점을 이어서 길을 만들어 주세요.

13

오순도순 행복한 우리 가족의 집이에요. 1부터 12까지
순서대로 점을 이어서 아담한 우리 집을 완성해 보세요.

14

비행기에서 뛰어내려 낙하산을 활짝 펼쳤어요.
색깔이 같은 점끼리 각각 이어서 낙하산을 완성해 주세요.

우주선을 타고 머나먼 달나라로 여행을 떠나요. 1부터
16까지 순서대로 점을 이어서 우주선을 완성해 보세요.

난이도

16

펠리컨이 호수에서 물고기를 많이 잡았어요. 1부터 15까지
순서대로 점을 이어서 불룩해진 부리를 완성해 보세요.

17

치과에 와서 흔들흔들 이를 뽑았어요. 1부터 17까지
순서대로 점을 이어서 어떤 이를 뽑았는지 찾아보세요.

꽥꽥! 아기 오리들이 줄을 지어 엄마 오리와 뽀뽀를 해요.
화살표 방향으로 점을 이어서 엄마 오리를 완성해 보세요.

배고픈 거미가 열심히 집을 짓고 있어요. 1부터 16까지
순서대로 점을 이어서 멋있는 거미줄을 완성해 보세요.

난이도

엄마가 깎아 주신 과일을 어떻게 먹을까요? 1부터 20까지
순서대로 점을 이어서 도구를 만들어 주세요.

21

힘차게 발을 굴러서 얼마나 높이 뛰어올랐을까요? 1부터 17까지 순서대로 점을 이어서 높은 장애물을 완성해 보세요.

멋쟁이 기린 아저씨가 부릉부릉 바쁘게 트럭을 몰고 가요.
1부터 20까지 순서대로 점을 이어서 트럭을 완성해 보세요.

도미솔! 옥수수로 하모니카를 불어요. 화살표 방향으로
점을 두 개씩 이어서 옥수수 하모니카를 완성해 보세요.

난이도

24 사막에 살고, 등에 커다란 혹이 있는 나는 누구일까요?
1부터 23까지 순서대로 점을 이어서 답을 맞혀 보세요.

무거운 바위는 힘센 굴착기가 옮겨 준대요. 1부터 20까지
순서대로 점을 이어서 공사장의 굴착기를 완성해 보세요.

바구니에 과일을 담아 팔아요. 벽에 걸린 그림과 똑같이
점을 이어서 바구니 안에 딸기와 바나나를 담아 주세요.

27

두 귀는 길쭉하고, 깡충깡충 잘 뛰는 나는 누구일까요?
가부터 하까지 순서대로 점을 이어서 답을 맞혀 보세요.

즐거운 소풍 날, 갑자기 빗방울이 떨어져요. 1부터 16까지
순서대로 점을 이어서 비를 막아 줄 텐트를 만들어 주세요.

전시회에 우주선 그림이 걸려 있어요. 위의 액자 속 그림과
똑같이 점을 이어서 아래에도 멋진 우주선을 그려 보세요.

더러워진 옷들을 깨끗이 빨아 탁탁 털어 빨랫줄에 널어요.
1부터 각각 순서대로 점을 이어서 빨래를 완성해 보세요.

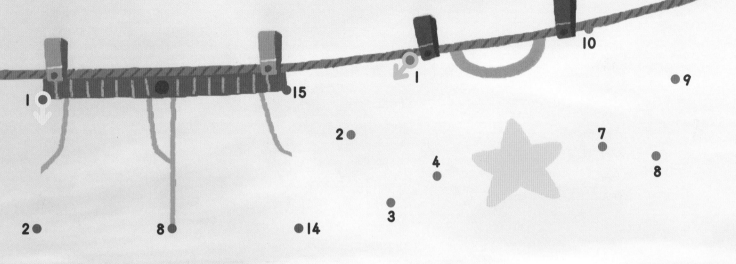

1

10

9

15

2

7

1

4

8

2

8

3

14

6

5

3

7

9

13

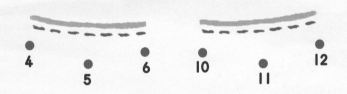

4

5

6

10

11

12

바닷가에서 쉬는데 햇볕이 너무 뜨거워요. 1부터 20까지
순서대로 점을 이어서 커다란 파라솔을 만들어 주세요.

깊은 숲 속에 과자로 만든 집이 있어요. 1부터 22까지
순서대로 점을 이어서 달콤한 과자집을 완성해 보세요.

고슴도치와 밤송이는 뾰족뾰족 서로 닮았어요. 1부터
21까지 순서대로 점을 이어서 고슴도치를 완성해 보세요.

친구들이 사이좋게 똑같은 연을 날려요. 왼쪽 친구의 연을
잘 보고, 오른쪽에 똑같이 점을 이어서 연을 완성해 보세요.

난이도

맑은 물속에서 물고기 두 마리가 헤엄쳐요. 1부터 31까지
순서대로 점을 이어서 물고기를 완성해 보세요.

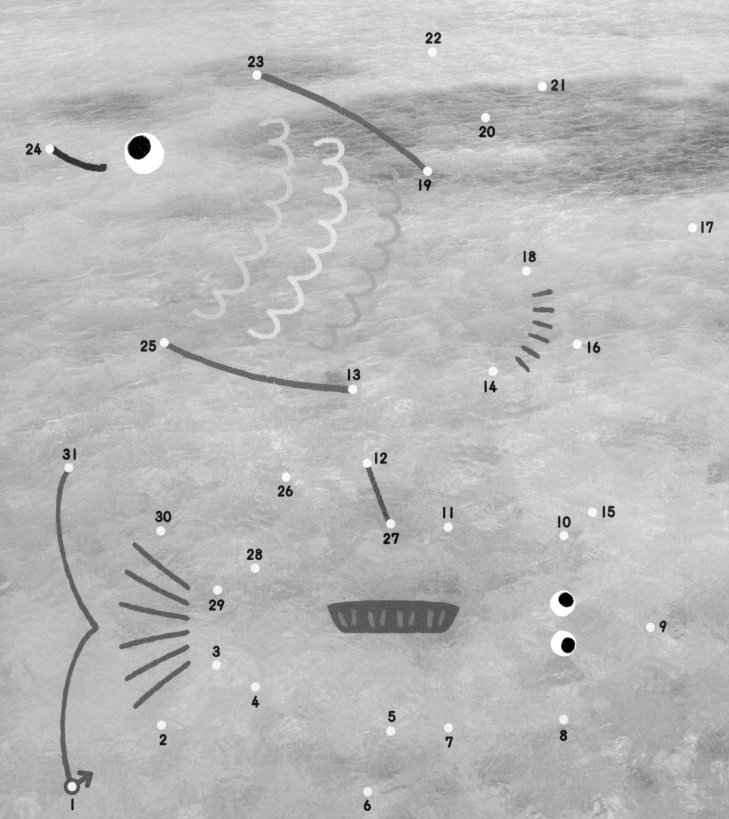

토끼네 오두막에 어떻게 올라갈까요? 가부터 하까지
순서대로 점을 이어서 튼튼한 밧줄 사다리를 만들어 주세요.

난이도

36

가
나
다
라
마
바
사
자
아
차
카
파
타
하

비를 맞으면 감기에 걸릴지도 몰라요. 1부터 22까지
순서대로 점을 이어서 친구에게 비옷을 입혀 주세요.

뻐꾸기시계가 시간을 알려 주어요. 1부터 23까지
순서대로 점을 이어서 지금이 몇 시인지 알아보세요.

사다리차가 무거운 이삿짐을 올려 주어요. 1부터 22까지
순서대로 점을 이어서 힘센 사다리차를 완성해 보세요.

개구리들이 연잎에 앉아 노래를 불러요. 위쪽의 개구리와
똑같이 점을 이어서 노래하는 개구리를 완성해 보세요.

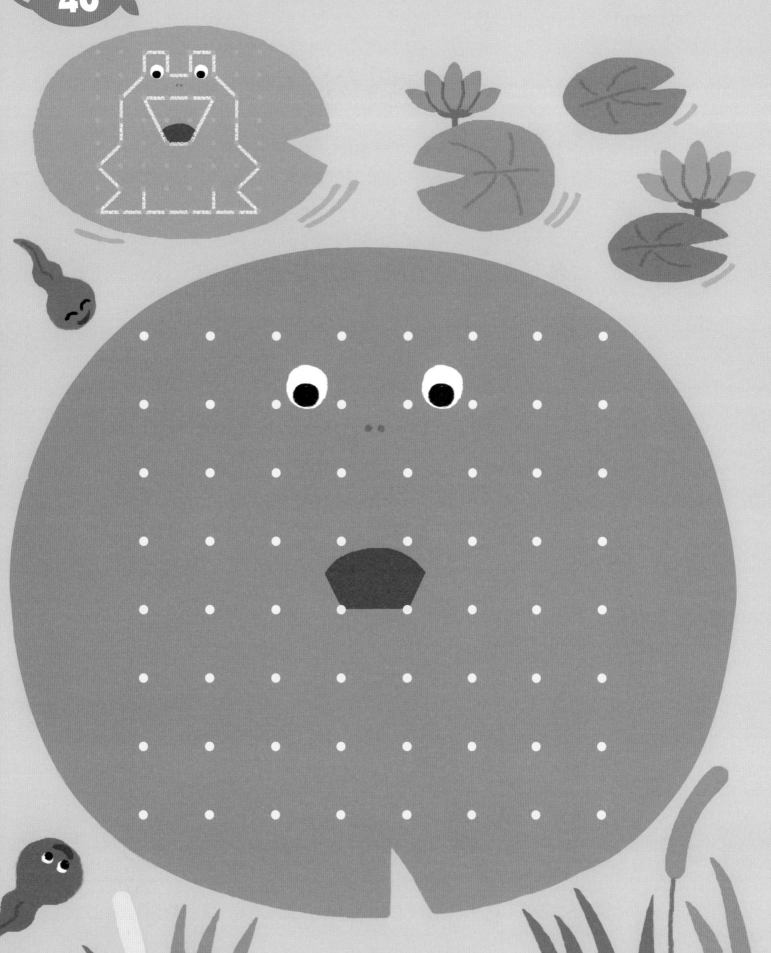

아름다운 첼로 연주가 시작되었어요. 1부터 24까지
순서대로 점을 이어서 커다란 첼로를 완성해 보세요.

41

앵앵 꿀벌이 꿀을 따러 꽃밭에 나왔어요. 1부터 30까지
순서대로 점을 이어서 부지런한 벌을 완성해 보세요.

43

깊고 깊은 바닷속에는 누가 살고 있을까요? 10부터 1까지
거꾸로 점을 이어서 각각의 동물들을 완성해 보세요.

44

커다란 알에서 무엇이 나왔을까요? 1부터 27까지
순서대로 점을 이어서 알에서 나온 동물을 완성해 보세요.

텔레비전에서 재미있는 동물 인형극을 방송해요. 1부터
23까지 순서대로 점을 이어서 텔레비전을 완성해 보세요.

46

똑같은 물고기끼리 서로 마주보고 있어요. 왼쪽 물고기를
잘 보고, 오른쪽에 마주보는 물고기를 각각 그려 보세요.

47

코알라가 나무에 딱 붙어서 쉬고 있어요. 1부터 30까지
순서대로 점을 이어서 귀여운 코알라를 완성해 보세요.

난이도

펭귄들이 물고기를 사이좋게 나눠 먹어요. 1부터 25까지
순서대로 점을 이어서 마주보는 펭귄을 완성해 보세요.

49

미용실에서 예쁘게 머리를 잘랐어요. 1부터 30까지
순서대로 점을 이어서 예쁜 머리 모양을 완성해 보세요.

50

해달이 물속에서 헤엄치며 조개를 먹어요. 1부터 28까지
순서대로 점을 이어서 귀여운 해달을 완성해 보세요.

난이도

51

할머니는 눈이 침침해서 글자가 안 보여요. 1부터 30까지 순서대로 점을 이어서 할머니께 안경을 씌워 주세요.

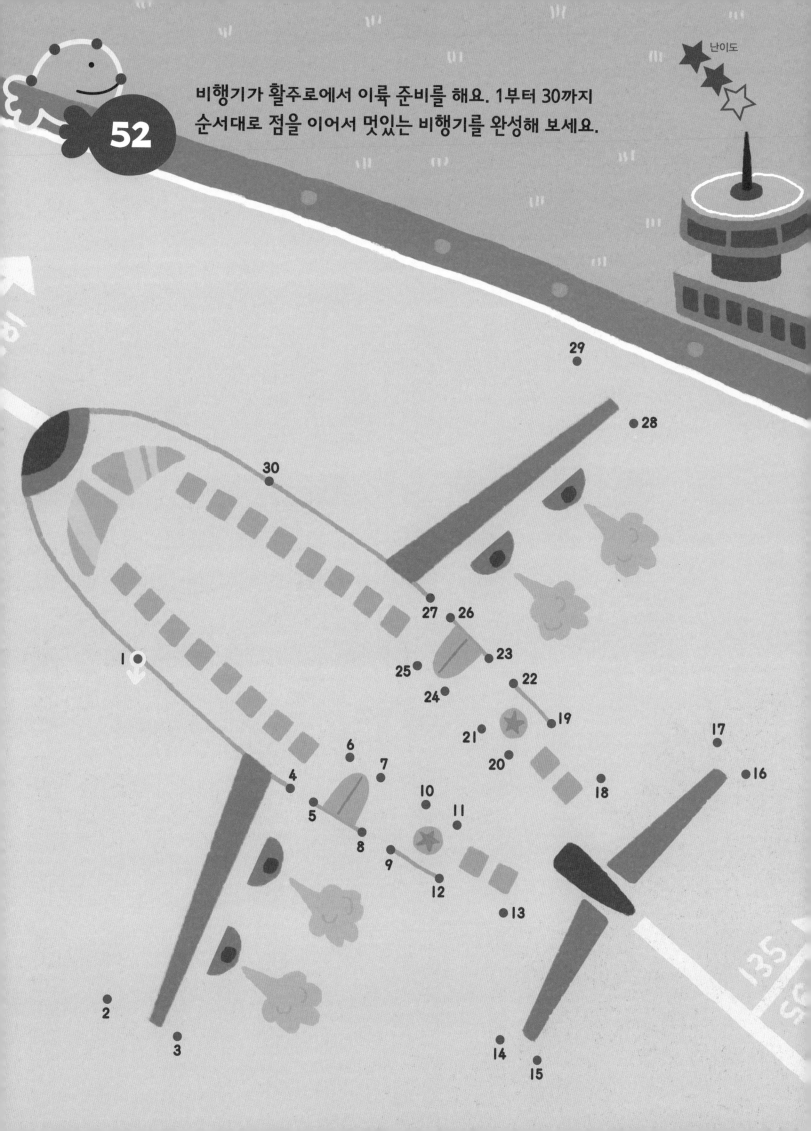

비행기가 활주로에서 이륙 준비를 해요. 1부터 30까지
순서대로 점을 이어서 멋있는 비행기를 완성해 보세요.

52

난이도

53

박쥐들은 깜깜한 밤이 되어야 마음껏 날아다녀요. 1부터
32까지 순서대로 점을 이어서 박쥐를 완성해 보세요.

54

엄마 북극곰과 아기 북극곰이 먹이를 찾아요. 1부터 30까지
순서대로 점을 이어서 배고픈 북극곰을 완성해 보세요.

난이도

동물들이 숨바꼭질을 해요. 1부터 각각 순서대로 점을
이어서 어떤 동물들이 숨어 있는지 찾아보세요.

55

친구가 바다에 떨어뜨린 공을 돌고래가 받아 주었어요.
1부터 31까지 순서대로 점을 이어서 돌고래를 완성해 보세요.

57

토끼와 거북이가 달리기를 해요. 꿈속에 나타난 거북이와
똑같이 점을 이어서 열심히 따라오는 거북이를 완성해 보세요.

58

곰 가족이 다 함께 모여 있어요. 1부터 31까지 순서대로
점을 이어서 사랑스러운 아기 곰을 완성해 보세요.

난이도

재미있는 동물 가면을 쓰고 친구들과 가면 놀이를 해요.
1부터 각각 순서대로 점을 이어서 가면을 완성해 보세요.

난이도

참새들이 허수아비와 친구가 되었나 봐요. 1부터 35까지
순서대로 점을 이어서 허수아비를 완성해 보세요.

난이도

61

소방차에는 튼튼한 사다리와 호스가 달려 있어요. 1부터
각각 순서대로 점을 이어서 소방차를 완성해 보세요.

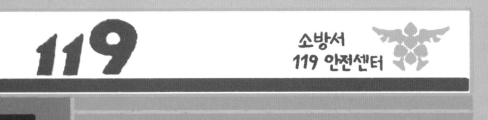

119

소방서
119 안전센터

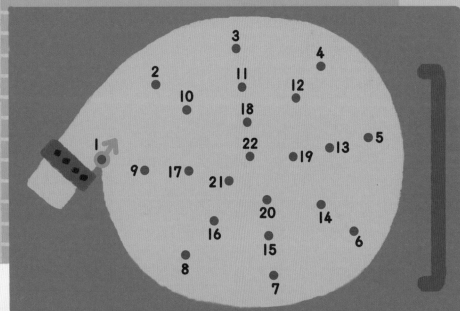

아기 곰이 예쁜 새와 친구가 되고 싶대요. 1부터 34까지
순서대로 점을 이어서 귀여운 곰을 완성해 보세요.

62

난이도

63

화단에 꽃을 심고 정성껏 물도 주어요. 위에 심은 꽃과
똑같이 점을 이어서 아래에 커다란 꽃을 심어 보세요.

인디언들이 즐겁게 춤추며 노래를 불러요. 1부터 각각
순서대로 점을 이어서 멋진 깃털 머리띠를 완성해 보세요.

산불이 나서 소방 헬리콥터가 출동했어요. 1부터 53까지
순서대로 점을 이어서 소방 헬리콥터를 완성해 보세요.

내 친구 키티가 소파에 앉아 있어요. 1부터 38까지
순서대로 점을 이어서 키티가 누구인지 알아보세요.

난이도

66

모두 똑같은 무늬의 티셔츠를 입었어요. 노란 티셔츠와
똑같이 점을 이어서 다른 티셔츠에도 나비를 그려 주세요.

손바닥 같은 그림자는 누구의 것일까요? 1부터 36까지
순서대로 점을 이어서 그림자의 주인공을 알아보세요.

난이도

육지에 도착한 배가 물 밑으로 닻을 내려요. 1부터 31까지 순서대로 점을 이어서 바닥에 가라앉은 닻을 완성해 보세요.

추운 겨울날, 따뜻한 차를 함께 마셔요. 위와 똑같이
아래에 점을 이어서 큰 주전자와 찻잔을 완성해 보세요.

난이도

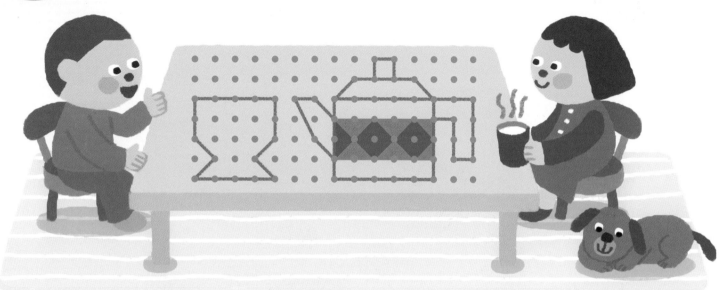

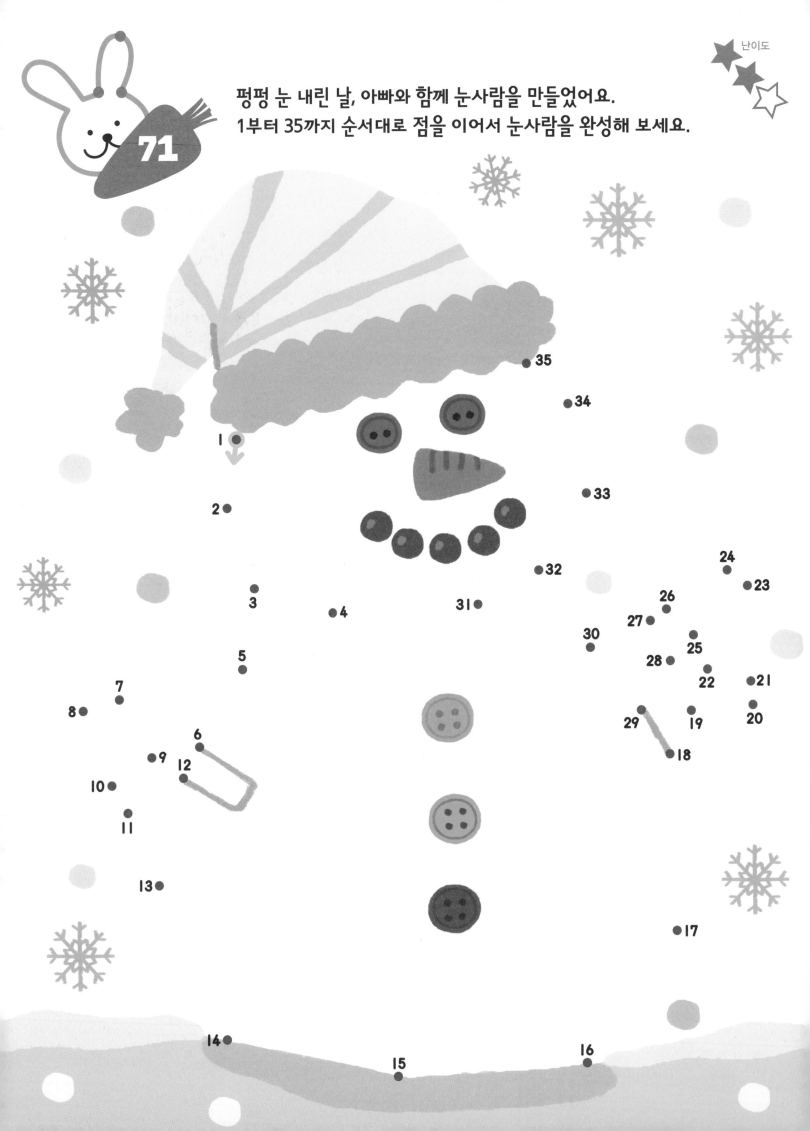

난이도

71

펑펑 눈 내린 날, 아빠와 함께 눈사람을 만들었어요.
1부터 35까지 순서대로 점을 이어서 눈사람을 완성해 보세요.

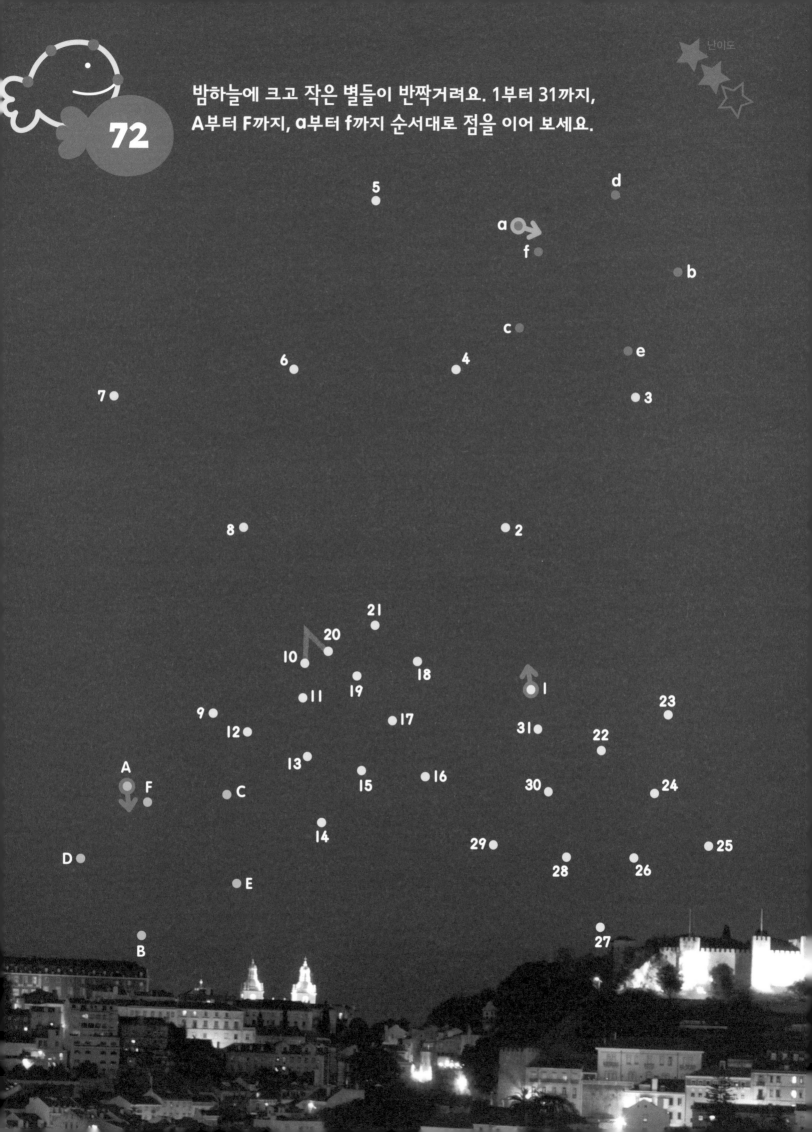

밤하늘에 크고 작은 별들이 반짝거려요. 1부터 31까지,
A부터 F까지, a부터 f까지 순서대로 점을 이어 보세요.

72

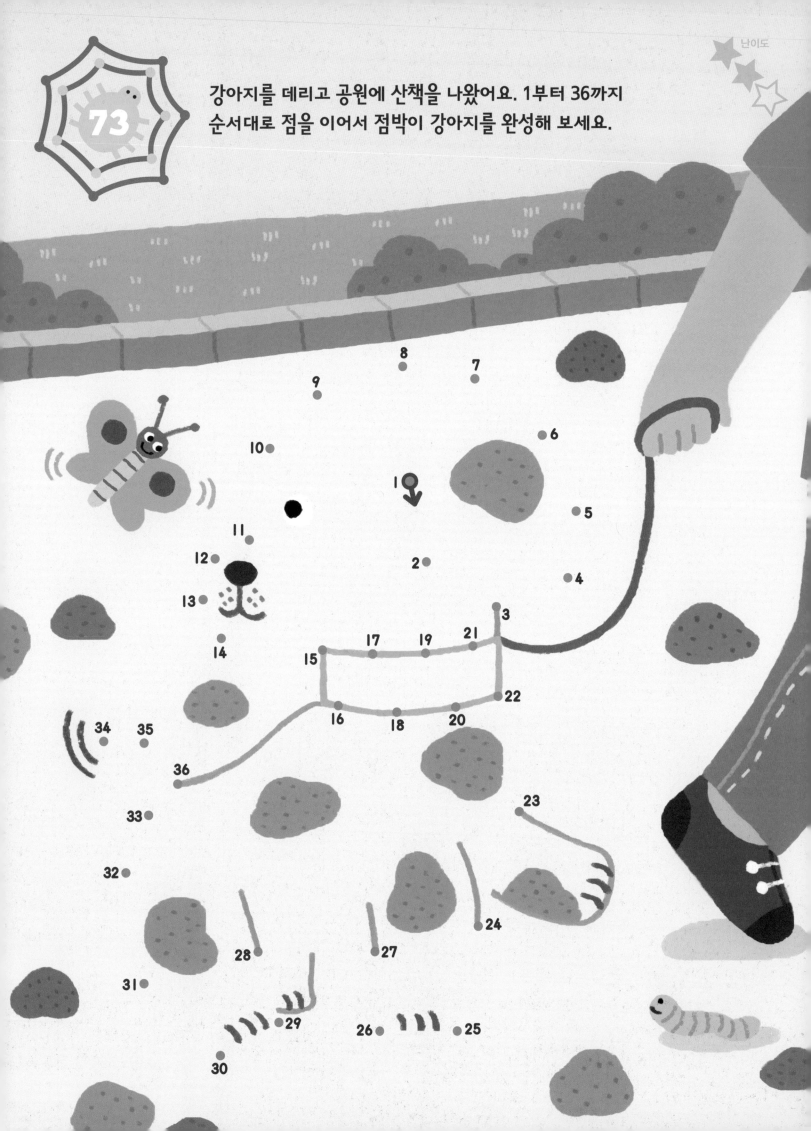

73

강아지를 데리고 공원에 산책을 나왔어요. 1부터 36까지
순서대로 점을 이어서 점박이 강아지를 완성해 보세요.

영차, 영차! 부지런한 개미들이 맛있는 먹이를 날라요.
1부터 33까지 순서대로 점을 이어서 무엇인지 알아보세요.

난이도

땡땡땡! 크리스마스 종소리가 울려 퍼져요. 1부터 35까지
순서대로 점을 이어서 커다란 종을 완성해 보세요.

75

흔들흔들 코끼리를 타고 가는 기분은 어떨까요? 1부터
40까지 순서대로 점을 이어서 코끼리를 완성해 보세요.

76

77

동생의 생일날, 케이크에 촛불을 켰어요. 1부터 35까지
순서대로 점을 이어서 생일 케이크를 완성해 보세요.

78

깜깜한 밤하늘에 보름달을 지나가는 것은 누구일까요?
1부터 54까지 순서대로 점을 이어서 알아보세요.

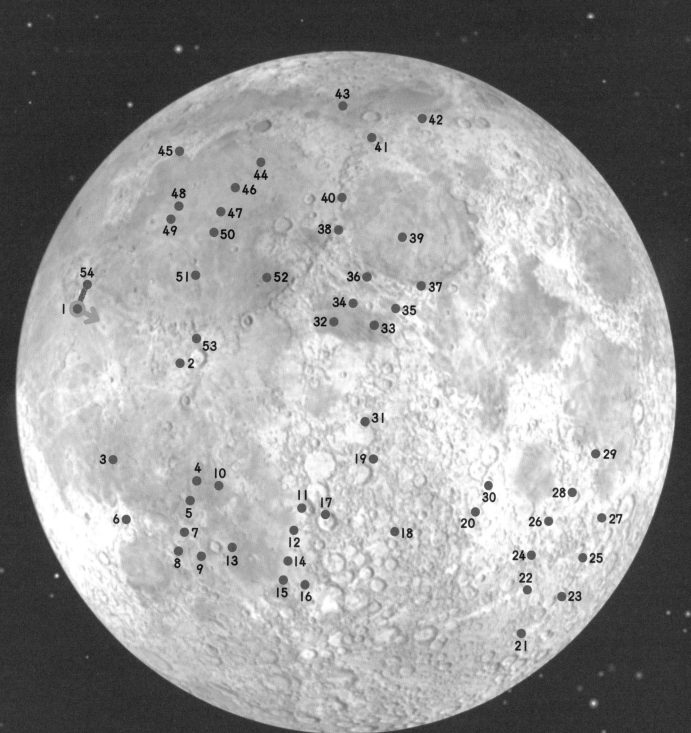

무서운 늑대가 나무 뒤에 숨어서 빨간 모자를 지켜보아요.
1부터 40까지 순서대로 점을 이어서 늑대를 완성해 보세요.

난이도

밀림에 사는 고릴라 한 쌍이 결혼을 했어요. 1부터 40까지
순서대로 점을 이어서 고릴라 신부를 완성해 보세요.

81

둥글둥글 커다란 알을 높이 쌓았어요. 화살표 방향으로
같은 색깔 점을 각각 이어서 쌓여 있는 알을 그려 보세요.

82

탁자 위에 올라간 강아지가 무서워서 떨고 있어요. 1부터
36까지 순서대로 점을 이어서 강아지를 완성해 보세요.

83

히힝! 용감한 보안관이 말을 타고 범인을 잡으러 가요.
1부터 48까지 순서대로 점을 이어서 말을 완성해 보세요.

난이도

똑같은 잠수함 두 척이 바닷속을 탐험해요. 위와 똑같이
아래에 점을 이어서 또 한 척의 잠수함을 완성해 보세요.

아슬아슬 신기한 서커스를 구경해요. 1부터 각각 순서대로
점을 이어서 서커스장의 모습을 완성해 보세요.

85

부엉이가 파티에 가려고 멋지게 꾸몄어요. A부터 Z까지
순서대로 점을 이어서 멋쟁이 부엉이를 완성해 보세요.

86

A
Z
B
Y
X
C
D
E F G
I
H
K
J
L
M
N P
O
Q
R
W
U
V
S
T

87 아기 돼지들이 쪽쪽 엄마 젖을 먹어요. 1부터 40까지
순서대로 점을 이어서 엄마 돼지를 완성해 보세요.

힘차게 슛! 골인일까요? 1부터 32까지 순서대로 점을
이어서 골대를 향해 날아가는 축구공을 완성해 보세요.

난이도

아빠가 장난감 선물을 사 오셨어요. 위와 똑같이 아래에
점을 이어서 상자에 담긴 장난감을 완성해 보세요.

90

조심조심 모래를 쌓아서 모래성을 만들었어요. 1부터
40까지 순서대로 점을 이어서 모래성을 완성해 보세요.

천사가 구름 위에서 노래를 불러요. a부터 z까지
순서대로 점을 이어서 아름다운 천사를 완성해 보세요.

91

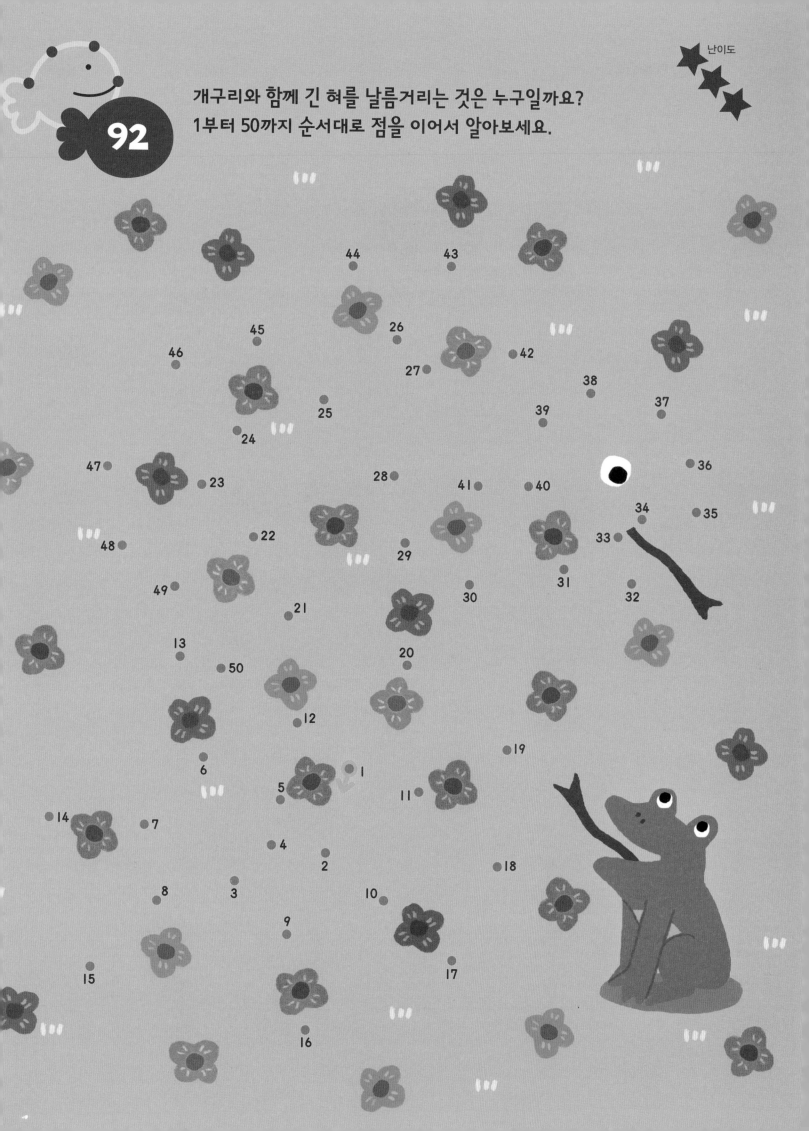

개구리와 함께 긴 혀를 날름거리는 것은 누구일까요?
1부터 50까지 순서대로 점을 이어서 알아보세요.

92

난이도

깊은 숲 속에 무서운 쌍둥이 괴물이 살고 있대요. 왼쪽과
똑같이 오른쪽에 점을 이어서 쌍둥이 괴물을 그려 보세요.

늑대의 바람에도 끄떡없는 벽돌집을 지어요. 1부터 40까지
순서대로 점을 이어서 튼튼한 벽돌집을 완성해 보세요.

요술 램프를 문지르면 요정이 나타난대요. 1부터 55까지
순서대로 점을 이어서 램프의 요정을 완성해 보세요.

95

숲 속의 나무들이 춤을 추는 것 같아요. 1부터 62까지
순서대로 점을 이어서 나무를 완성해 보세요.

무시무시한 할로윈의 밤이 찾아왔어요. 팻말과 똑같이
점을 이어서 커다란 할로윈 호박을 완성해 보세요.

97

98

넓은 바다에서 해적을 만났어요. 1부터 각각 순서대로
점을 이어서 무서운 해적의 모습을 완성해 보세요.

호숫가에 멋진 궁전이 있어요. 점의 색깔을 잘 보고,
반대로 이어서 호수에 비친 궁전의 모습을 그려 보세요.

1~2

3~4

5~6
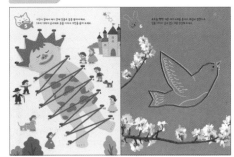

7~8

9~10

11~12
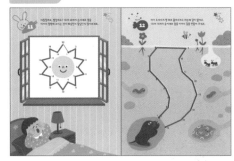

13~14

15~16

17~18

19~20

21~22

23~24

25~26

27~28

29~30

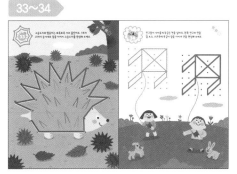

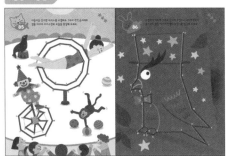

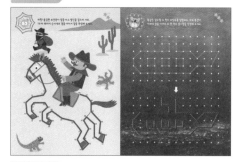